Christine Lange

Das will ich wissen

Fahnen und Flaggen aus aller Welt

Christine Lange
wandte sich nach Abschluss ihres Fremdsprachenstudiums dem Journalismus zu und zählt heute zu den am meisten veröffentlichten Autorinnen im deutschen Sprachraum. Sie schreibt Sach-, Kinder- und Jugendbücher. Christine Lange lebt und arbeitet in der Nähe von Bonn.

Udo Kruse-Schulz
wurde 1960 geboren. Schon in der Schule stand für ihn fest, dass er Illustrator werden wollte. Nach dem Abitur studierte er in Hamburg aber erst einmal Archäologie, bevor er seinen Traum, Grafik mit Schwerpunkt Illustration zu studieren, tatsächlich wahr machte. Udo Kruse-Schulz lebt mit seiner Frau und seinen fünf Katzen in der Nähe von Hamburg.

In neuer Rechtschreibung

1. Auflage 2007
© Arena Verlag GmbH, Würzburg 2007
Alle Rechte vorbehalten
Einband- und Innenillustration: Udo Kruse-Schulz
Gesamtherstellung: westermann druck GmbH, Braunschweig
ISBN 978-3-401-05887-0

www.arena-verlag.de

Christine Lange

Das will ich wissen

Fahnen und Flaggen aus aller Welt

Mit Bildern von Udo Kruse-Schulz

Arena

Inhalt

Eine Geschichte von Fahnen:
Schätze auf dem Dachboden   6

Einführung:
Die Welt der Fahnen und Flaggen   13

Sachwissen:
Fahnen und Flaggen
Wie alles anfing…   14

Was bedeuten Bilder
und Farben?   16

Haben Fahnen geheime
Kräfte?   18

Kreuz, Kreuzritter und Kirchenfahnen   20

Fahnen, Flaggen, Standarten…   22

Nationalflaggen   23

Die Bundesflagge   24

Europa und seine Nationalflaggen   26

Schöne Flaggen aus aller Welt   38

Ein Besuch im Hafen   44

Beflaggung eines Handelsschiffs   46

Schätze auf dem Dachboden

„Uih, der Dachboden ist ja riesig!", ruft Niklas.
„Geh weiter", bittet Laura. Nacheinander klettern die Geschwister durch die Bodenluke. Staubkörnchen tanzen in der Luft.
„Komm auch hoch, Max!"
Max ist der Nachbarsjunge. Jeden Tag besucht er Niklas und Laura im Haus ihrer Großeltern. Die beiden machen hier Ferien.
„Hier stehen aber viele Möbel!", staunt Laura.
„Seht mal, ich reite!" Wild schaukelt Max auf einem alten Schaukelpferd hin und her.

„He, kommt mal her!", ruft Niklas. In einer Ecke poltert etwas zu Boden. „Hier stehen ganz viele Kisten!"
Ah, dort ist Niklas ja. Sein blonder Haarschopf lugt hinter einer Pyramide aus Kartons hervor.
„Wollen wir nachsehen, was drin ist?"
Schon hat Niklas eine Kiste aufgemacht und langt mit beiden Händen hinein.
„Was hast du gefunden?" Max schaut Niklas über die Schulter.
„Irgendein Ding aus Stoff!" Niklas zieht etwas hervor.

Laura nimmt Niklas das Stück Stoff aus der Hand. Sie schüttelt den Staub heraus.
„Eine kleine Fahne! Aber die Farben sind ganz blass geworden."
Die Kinder kramen weiter. In dem Karton liegen viele Flaggen. Einige sind viereckig. Andere sehen aus wie ein schmales Dreieck. Jede Flagge hat ein anderes Muster und andere Farben.
„Die müssen wir Opa zeigen!", sagt Max.
Die Kinder nehmen ein paar Fähnchen aus der Kiste und klettern vorsichtig durch die Dachbodenluke.

Unten im Wohnzimmer liest Opa Zeitung. Niklas hält ihm die Fahnen hin. „Die haben wir auf dem Dachboden gefunden!"
Opa rückt die Brille zurecht. „Hm…" Er dreht die Fähnchen hin und her. Dann lacht er: „Sabine, schau doch mal…" Oma kommt aus der Küche.
„Das sind die Schiffsflaggen, die mein Vater damals mitgebracht hat!"
„Euer Urgroßvater ist früher zur See gefahren", erklärt Opa. „Auf einem Handelsschiff! Ich hatte ganz vergessen, dass die Wimpel noch auf dem Dachboden liegen!"

Seefahrer! Das würde Niklas auch gern sein…
am liebsten Seeräuber! Im Kinderzimmer stellen
Laura und Max die Stühle zusammen.
„Das sind unsere Schiffe!" Laura nimmt
ein Stück Wäscheleine und klammert
die Schiffswimpel daran. Plötzlich stürmt Niklas
ins Zimmer. Über sein rechtes Auge hat er
eine Augenklappe gezogen. Er schwenkt
ein schwarzes Stück Papier mit einem weißen
Totenkopf und zwei gekreuzten Knochen darauf.
„Die Totenkopffahne… das Zeichen der
Piraten!" Laura schüttelt sich.

Am nächsten Tag fahren alle einkaufen.
„Vor dem Supermarkt hängt auch eine Fahne!",
ruft Laura.
„Da steht der Name des Geschäfts drauf!",
erklärt Oma. Vor dem Garten-Center weht
eine grüne Fahne. Und vor dem Autohaus
eine hellblaue mit roter Schrift.
Opa zieht sein Notizheft hervor: „Mal sehen,
wie viele Fahnen wir entdecken! Wenn wir
mehr als zehn zusammenbekommen, lade
ich euch zu einem Ausflug ein."

„Dass es so viele Fahnen gibt!"
Niklas entdeckt eine vor dem Tennis-Klub.
Beim Italiener stehen rot-grün-weiße Fähnchen
neben den Pizzatellern. Und Max besichtigt
mit seinen Eltern eine alte Burg.
„Auf dem Turm wehte eine Fahne mit
einem goldenen Drachen!", erzählt er.
In der Kirche, beim Fußballspiel, beim
Autorennen, beim Schützenverein…
Die zehn Fahnen sind schnell beisammen.
„Zur Belohnung fahren wir nach Berlin",
verspricht Opa. „Dort werden wir noch mehr
Fahnen sehen!"

Die Welt der Fahnen und Flaggen

Wusstest du, dass es schon seit Tausenden von Jahren Fahnen gibt? Fahnen, Flaggen und Wimpel wehen in allen Ländern und auf allen Meeren. Wir sehen sie auf Plätzen, an Gebäuden, in Kirchen, auf Schiffen und an vielen anderen Orten. Sie sind mit bunten Farben und oft mit schönen Bildern geschmückt. Viele Fahnen erzählen spannende Geschichten. Alles Wissen rund um die Fahnen nennt man Fahnenkunde.

Wie alles anfing ...

„Wollen wir selbst eine Fahne basteln?"
Laura holt ein Tuch mit einem Pferdekopf
darauf. Sie knüpft es an einen Besenstiel.
Die Pferdefahne flattert im Wind.
„Warum man Fahnen wohl erfunden hat?",
fragt Max.
„Damit man ein besonderes Zeichen aufstellen
oder mit sich tragen kann", überlegt Niklas.
„Auf jeden Fall", sagt Opa, „ragen Fahnen
deutlich über unsere Köpfe hinaus. Es sind
Zeichen, die jedermann gut sehen kann!"

Laura bindet zum Spaß ihren Teddybären Bubi oben an einen Holzstab.
Opa lacht: „Unsere Vorfahren haben es genauso gemacht! Sie stellten Stangen auf mit Federn, Tier- oder Götterfiguren aus Holz oder Lehm. Jeder Stamm hatte ein anderes Zeichen. Wenn sie einander trafen, sagten sie: ‚Ich bin vom Stamm des Löwen!' Oder: ‚Ich bin vom Stamm des Hirschen.' Jeder war sehr stolz auf sein Zeichen!"
„Dann bin ich vom Stamm des Bären!"
Fröhlich tanzt Laura mit Bubi über die Wiese.

Was bedeuten Bilder und Farben?

Opa blättert im Geschichtsbuch: „Hier steht", sagt er, „dass die Chinesen vor vier- oder fünftausend Jahren die ersten Fahnen aus Seide herstellten. Sie schwenkten sie, wenn sie in den Krieg zogen oder Feste feierten." Stofffahnen sind leichter als Figuren aus Lehm oder Holz. Sie lassen sich auch färben oder besticken.
Mit Karawanen kamen die Seidenfahnen nach Arabien, und schließlich zu den germanischen Völkern.
„Zu denen gehören auch wir!", ruft Max.

„Hier ist ein Drache auf einer Fahne!", ruft Laura. „Viele Herrscher schmückten ihre Zelte, Burgen oder Schlösser mit einem Drachen. Er galt als weise und stark", erzählt Opa. „Ebenso der Adler!" Tiere und Fabeltiere waren auf Fahnen besonders beliebt. Die Schlange war ein Zeichen für Wissen und Macht, das Pferd für Freiheit, der Stier für Reichtum. Farben können unterschiedliche Bedeutungen haben. Weiß kann Frieden anzeigen – aber auch Trauer. Rot Blut oder Kampf, aber auch Freude.

Haben Fahnen geheime Kräfte?

Die eigene Fahne war für einen Stamm oder ein Volk sehr wichtig. Im Kampf trugen Krieger oder Soldaten ihre Fahne stolz vor sich her. Früher fanden die Schlachten meist auf freiem Feld statt. Deshalb hießen die Fahnen auch „Feldzeichen". Sie mussten unbedingt hochgehalten werden – das machte den Kämpfern Mut. Wurde der Fahnenträger verletzt oder gar getötet, fiel die Fahne. Das war ein schlechtes Zeichen!

Tatsächlich glaubten viele Menschen, nicht nur die Krieger, dass Fahnen eine geheimnisvolle Kraft besaßen. Die alten Ägypter, Griechen und Römer meinten sogar, dass ihre Götter in den Abbildungen wohnten. Die Fahnen wurden daher wie Heiligtümer gehütet. Und wehe, eine ging in einer Schlacht verloren! Das bedeutete großes Unheil.
„Das ist aber spannend!", findet Niklas.
„Wenn ich König wäre, hätte ich eine weiße Fahne mit einem schwarzen Hengst!"
„Und ich", ruft Max, „eine Drachenfahne…"

Kreuz, Kreuzritter und Kirchenfahnen

„Habt ihr die Fahnen bemerkt?", fragt Oma am Sonntag nach dem Gottesdienst.
„Ja", sagt Laura, „die weiße mit dem Kreuz war die größte!"
„Sie erinnert uns daran, dass Jesus gekreuzigt wurde und wiederauferstanden ist", erklärt Oma.
„Ich hab mal was von Kreuzrittern gehört", ruft Niklas.
Opa antwortet: „So nannte man die Edelleute, die vor vielen hundert Jahren auszogen, um die Stadt Jerusalem für die Christen zurückzuerobern. Auf ihren ‚Kreuzzügen' trugen die Ritter Fahnen mit dem Kreuz vor sich her."

Heute gibt es viele Kirchenfahnen mit schönen Abbildungen. Einige erzählen Geschichten aus der Bibel. Auch auf Umzügen an Feiertagen sind sie zu sehen. Solche Umzüge heißen Prozessionen.

Laura ruft: „Meine Freundin Ella ist einmal zur Pferdesegnung geritten. Da waren viele Reiter, die Fahnen trugen. Alle Pferde waren mit Bändern und Blumen geschmückt."

Fahnen, Flaggen, Standarten...

„Das ist ja interessant...", murmelt Opa. Er hat den Computer eingeschaltet und sucht im Internet. „Hier steht, dass das Wort Fahne ‚Kampftuch' bedeutet." Opa sucht weiter. „Aha, Fahne sagt man, wenn das Stoffstück an einer Seite fest an der Fahnenstange befestigt ist. Und Flagge, wenn man es am Mast oder Stock hissen, also hinaufziehen und wieder niederholen kann. Ein Wimpel ist eine kleine, dreieckige Flagge. Und zur Zeit der Ritter nannte man eine viereckige Reiterfahne Standarte."

Nationalflaggen

Auf der Erde gibt es viele verschiedene Völker und Staaten. Das Wort Nation oder Staat ist ein anderes Wort für Land. Die Fahne eines Staates heißt Nationalflagge. Wenn bei einem großen Sportfest einer ihrer Sportler gewinnt, schwenken die Menschen jubelnd ihre Fahne. An Feiertagen wird die Nationalflagge gehisst und weht oben am Fahnenmast. Aber es gibt auch traurige Tage. Wenn ein Staatsmann stirbt oder viele Menschen bei einer Katastrophe sterben, wird auf halbmast gehisst.

Die Bundesflagge

„Berlin ist unsere Hauptstadt und der Sitz der Bundesregierung", erklärt Opa, als alle im Zug nach Berlin sitzen. „Dort sehen wir uns die Bundesflagge an. So nennt man unsere deutsche Nationalflagge."
In Berlin besuchen sie das Reichstagsgebäude. Hier trifft sich der Bundestag. Im Bundestag sitzen die Politiker, die unser Land regieren.

Vor dem prachtvollen Gebäude weht
die Bundesflagge.
„Sie hat oben einen schwarzen, in der Mitte
einen roten und unten einen goldenen Balken!",
ruft Max.
„Wegen der drei Farben nennt man sie auch
Trikolore!", erklärt Oma. „Man sagt, dass das
Schwarz an frühere Uniformen erinnern soll,
das Rot an die roten Ärmelaufschläge
und das Gold an die
goldenen Knöpfe."

Europa und seine Nationalflaggen

Der Erdteil, auf dem wir leben, heißt Europa.
Es gibt viele europäische Staaten, große
und kleine. Ein Teil der Staaten hat sich
zusammengetan und einen „Staatenverbund"
gegründet: die Europäische Union oder
kurz die EU.
„Die Europaflagge ist blau mit einem Kreis aus
12 goldenen Sternen", sagt Opa. „Der Kreis ist
ein Zeichen für Einheit. Und die 12 wurde schon
immer von den Menschen verehrt: Denkt an die
12 Tierkreiszeichen oder die 12 Monate!"

Dänemark

Zu Hause schaut Opa in den Atlas. Zu Nordeuropa zählen Dänemark, Schweden, Norwegen, Finnland und die Insel Island. „In Schweden gibt es Elche!" Max war in den Ferien dort.
„Alle Flaggen tragen das skandinavische Kreuz!", fällt Opa auf. Die dänische ist rot mit einem weißen Kreuz. Die Schweden verwendeten Blau und Gelb schon in ihren alten Wappen. Finnlands Flagge ist weiß mit einem blauen Kreuz. Island hat ein rot-weißes Kreuz auf blauem, Norwegen ein blau-weißes auf rotem Grund.

Schweden

Finnland

Island

Norwegen

Belgien

Niederland

Unsere Nachbarn im Westen sind die Niederlande, Belgien und Luxemburg – die „Benelux-Staaten". Belgien hat eine Trikolore als Flagge, wie Deutschland. Doch bei ihr verlaufen die Balken in Schwarz, Gelb und Rot von oben nach unten. Die niederländische Flagge hat drei waagerechte Bahnen in Rot, Weiß und Blau. Auch die Flagge Luxemburgs hat drei Streifen: Rot, Weiß und Hellblau. „Im Mittelalter war sie noch schöner", erzählt Opa. „Da zeigte sie einen roten Löwen auf einem weiß-blauen Feld."

Luxemburg

28

Irland

Wenn wir über die Nordsee reisen, kommen wir zu der großen Insel Großbritannien. Sie besteht aus England, Wales und Schottland.
Max kichert: „In Schottland tragen die Männer Schottenröcke…"
Zusammen mit Nordirland bilden alle Landesteile das Vereinigte Königreich.
Seine Flagge wird „Union Jack" genannt und zeigt rote und weiße Kreuze auf blauem Grund.
Im Süden der Insel Irland liegt die Republik Irland. Sie gehört nicht zum Vereinigten Königreich. Ihre Nationalflagge ist grün-weiß-orange gestreift.

Vereinigtes Königreich

Im Süden sind die Alpenländer Schweiz und Österreich unsere direkten Nachbarn. Die Schweizer sind sehr stolz auf ihre Flagge mit dem breiten weißen Kreuz auf rotem Grund. Die Fahne bildet im Gegensatz zu anderen Nationalflaggen ein Quadrat und kein Rechteck.

„Sie weht auf vielen Alpengipfeln", sagt Oma. „Wir haben sie auf unseren Bergtouren gesehen. Und am Schweizer Nationalfeiertag hängt sie aus vielen Fenstern."

Die österreichische Flagge ist rot-weiß-rot gestreift. Das waren einst die Wappenfarben der Babenberger. Diese Adeligen regierten das frühere Österreich. Eine Legende erzählt, wie die Babenberger zu diesen Farben kamen. Es heißt, dass der österreichische Herzog Leopold V. im dritten Kreuzzug einen weißen Waffenrock mit einem Gurt darüber trug. Als er nach einer Schlacht ins Lager zurückkehrte, war der Waffenrock mit Blut getränkt. Nur unter dem Gurt war er noch weiß.

Opa blättert weiter zum Westen und Süden Europas. Die Trikolore Frankreichs besteht aus drei Farbbändern: Blau, Weiß und Rot.
„Rot und blau war das Wappen von Paris", liest Opa vor, „und Weiß die Farbe des Königs."
Spaniens Flagge hat zwei rote und einen gelben Streifen. Im Gelb befindet sich das spanische Wappen.
Auch Portugal hat eine auffällige Flagge. Auf Rot und Grün leuchtet eine goldene Weltkugel mit einem reich verzierten Wappen.

Die Flagge Italiens hat drei Längsstreifen: Grün, Weiß und Rot. Die griechische Flagge besteht aus neun Querstreifen in Blau und Weiß mit einem Kreuz links oben. Die Griechen sagen: „Das Blau sind Himmel und Meer, Weiß ist die Reinheit. Das Kreuz drückt unsere Liebe zu Gott aus!" Zypern ist ein Inselstaat im Mittelmeer. Hier leben Zyperngriechen und Zyperntürken. Die Flagge zeigt ein Abbild der Insel. Darunter befinden sich zwei Olivenbaum-Zweige. Sie sind ein Zeichen der Hoffnung auf Frieden zwischen den beiden Völkern.

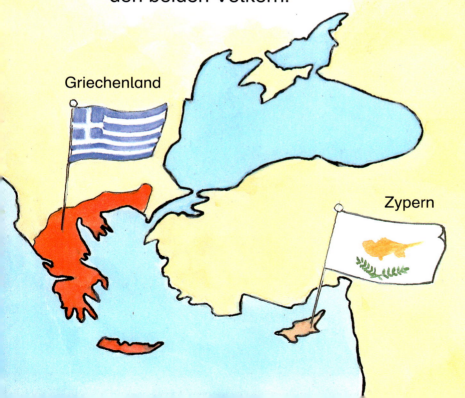

Im Osten grenzt Deutschland an Polen.
Polen ist ungefähr so groß wie Deutschland.
Aber es hat viel weniger Einwohner.
Die Flagge Polens hat oben einen weißen,
unten einen roten Streifen. Das Weiß zeigt
die Sehnsucht nach dem Guten an.
Das Rot erinnert an das Blut der Menschen,
die für die Freiheit des Landes
gekämpft haben.

Polen

Ungarn

Russland

Etwas weiter im Süden liegt Ungarn. In seinen weiten Steppen grasen große Viehherden. Ungarns Flagge hat rot-weiß-grüne Querstreifen. Östlich von Polen liegt Russland. Das gewaltige Land mit riesigen Steppen und Wäldern erstreckt sich über Europa und Asien.

Seine Flagge besteht aus drei gleich breiten Querstreifen: Weiß, Blau und Rot.
Die Farben stammen aus dem Stadtwappen des Fürstentums Moskau: Auf rotem Hintergrund reitet ein weißer Ritter auf einem weißen Pferd. Er ist in einen blauen Mantel gehüllt und trägt einen blauen Schild.

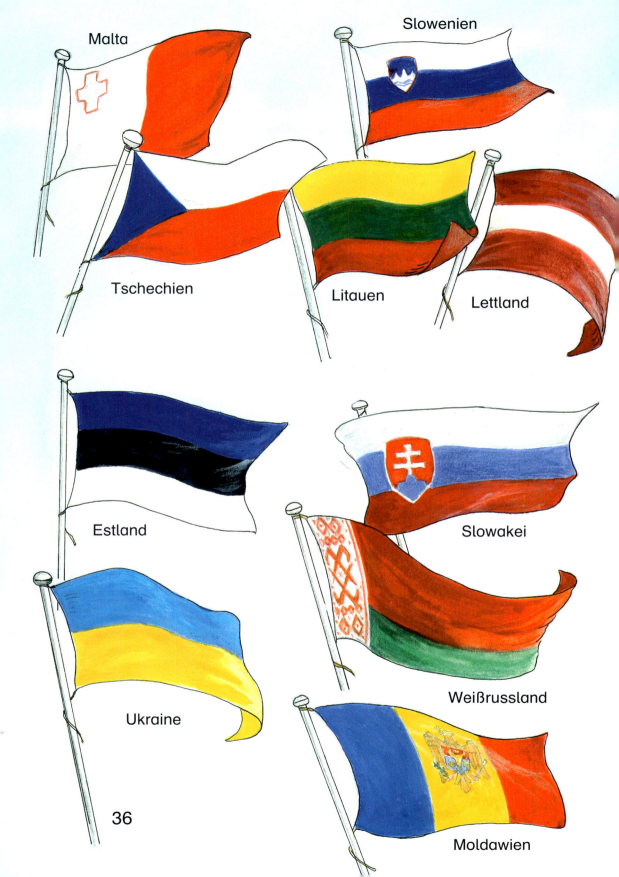

Schöne Flaggen aus aller Welt

Wenn wir von Amerika reden, meinen wir meist nicht den ganzen Erdteil, sondern die Vereinigten Staaten von Amerika, kurz USA. Ihre Flagge heißt „Sternenbanner". Sie hat 13 abwechselnd rote und weiße Querstreifen, weil 13 Staaten die USA gegründet haben. Links oben ist ein blaues Feld. Anfangs waren darin 13 weiße Sterne zu sehen – ein Stern für jeden Bundesstaat. Jedes Mal, wenn ein weiterer Staat dem Bund beitrat, kam ein neues Sternchen hinzu. Heute sind es 50 Sterne. Die Amerikaner nennen die Flagge „Stars and Stripes", das heißt „Sterne und Streifen".

Eine besonders schöne Flagge hat Kanada.
Es liegt nördlich der USA.
„Mein Opa war schon mal dort und hat große Bären gesehen!", erzählt Max.
Die Flagge Kanadas wird „Ahornblatt-Flagge" genannt. Sie ist rot mit einem weißen Viereck in der Mitte. Das Weiß soll an den Schnee erinnern, denn im Norden Kanadas ist es im Winter sehr kalt. In dem weißen Viereck ist ein rotes Ahornblatt abgebildet, weil es in Kanada riesige Ahornwälder gibt.

Guatemala

Zwischen Nord- und Südamerika gibt es eine Landbrücke. Darauf liegt Guatemala. Weil das Land zwischen dem Pazifischen und Atlantischen Ozean liegt, ist seine Flagge himmelblau-weiß-himmelblau gestreift.
In der Mitte ist ein Wappen mit dem Vogel Quetzal abgebildet.
Auch die Flagge Argentiniens in Südamerika ist blau-weiß-blau gestreift. Aber die Streifen sind waagerecht angeordnet. In der Mitte sieht man eine strahlende Sonne.

Argentinien

Jetzt reisen die Kinder auf der Landkarte nach Afrika.
„Ich möchte mal echte Löwen, Zebras und Giraffen sehen…", träumt Laura.
„Dann musst du nach Kenia fahren!", meint Oma.
Kenias Flagge ist farbenfroh mit schwarzen, roten, grünen und schmalen weißen Streifen. In der Mitte ist ein Massai-Schild mit gekreuzten Speeren abgebildet. Die Massai sind ein stolzes Hirtenvolk. Mit ihren großen Rinderherden ziehen sie in den Steppen umher und beschützen sie mutig vor wilden Tieren.

Kenia

Japan

Asien ist der größte Erdteil. Hier lebt mehr als die Hälfte aller Erdbewohner. Das Wort Asien bedeutet „Sonnenaufgang". Japan hat eine weiße Flagge mit einem großen roten Kreis. „Der soll eine Sonne darstellen", sagt Opa. „Früher glaubte man, der Kaiser von Japan sei ein Nachfahre des Sonnengottes."
Um die Flagge der Türkei mit dem Halbmond und dem Stern ranken sich viele Legenden. Eine sagt, der rote Grund sei das Wasser eines Sees, rot vom Blut kämpfender Soldaten. Im See spiegeln sich Mond und Sterne wider.

Türkei

Australien ist Staat und Erdteil zugleich.
Hier leben die Kängurus. Australiens Flagge ist blau. Der „Union Jack" links oben weist darauf hin, dass Australien zum Vereinigten Königreich gehört. Darunter ist ein größerer Stern. Die fünf unterschiedlich großen Sterne in der rechten Hälfte der Flagge zeigen das Kreuz des Südens.
„Das ist ein bekanntes Sternbild des südlichen Sternenhimmels. Wir können es leider nicht sehen", bedauert Opa.

Australien

Ein Besuch im Hafen

„Schade, bald sind die Ferien vorbei!"
Niklas ist ganz niedergeschlagen.
Doch es gibt noch eine Überraschung:
einen Besuch im Hamburger Hafen,
dem größten Seehafen in Deutschland.
Auf einer Hafenrundfahrt sehen sie viele Schiffe.
Einige sind riesengroß. Es sind Containerschiffe
und Tanker. Sie bringen Waren und Erdöl aus
anderen Ländern. Es gibt auch Passagierschiffe
und Fischkutter zu sehen.
„Und wie viele Flaggen auf den Schiffen
wehen…", ruft Max.

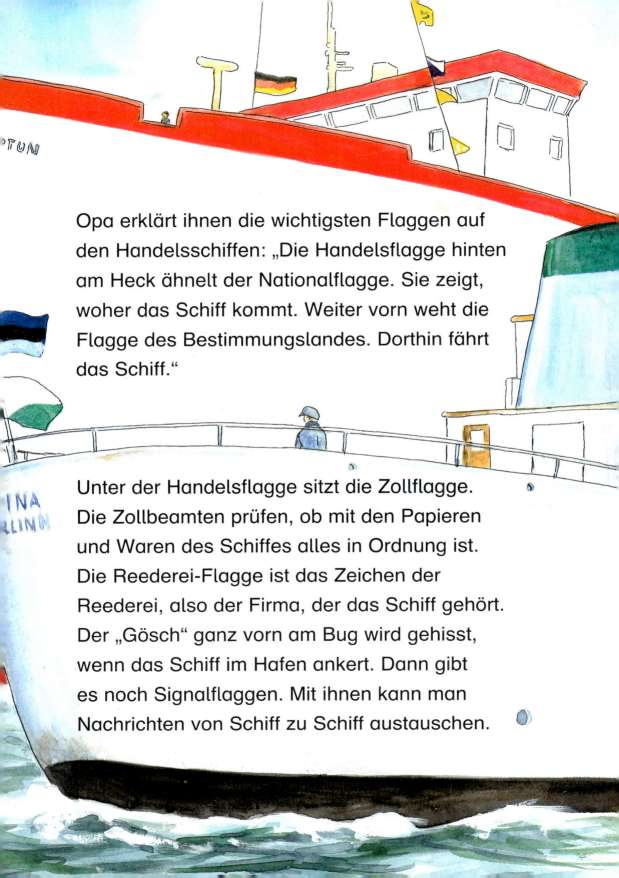

Opa erklärt ihnen die wichtigsten Flaggen auf den Handelsschiffen: „Die Handelsflagge hinten am Heck ähnelt der Nationalflagge. Sie zeigt, woher das Schiff kommt. Weiter vorn weht die Flagge des Bestimmungslandes. Dorthin fährt das Schiff."

Unter der Handelsflagge sitzt die Zollflagge. Die Zollbeamten prüfen, ob mit den Papieren und Waren des Schiffes alles in Ordnung ist. Die Reederei-Flagge ist das Zeichen der Reederei, also der Firma, der das Schiff gehört. Der „Gösch" ganz vorn am Bug wird gehisst, wenn das Schiff im Hafen ankert. Dann gibt es noch Signalflaggen. Mit ihnen kann man Nachrichten von Schiff zu Schiff austauschen.

Beflaggung eines Handelsschiffs

Hier siehst du die Flaggen auf einem Handelsschiff.

DAS WILL ICH WISSEN

Jeder Band: Ab 6 Jahren • Mit zahlreichen farbigen Illustrationen • 48 Seiten • Gebunden

Spannendes Sachwissen für Leseanfänger
Mit einem attraktiven Extra

ISBN 978-3-401-05573-2

ISBN 978-3-401-05862-7

ISBN 978-3-401-05398-1

Weitere Titel in dieser Reihe:

Auf dem Ponyhof	Die Steinzeitmenschen	Lastwagen und Sattelschlepper
Das alte Ägypten	Die Wikinger	Mein Körper
Die Feuerwehr	Dinosaurier	Pferde
Das Leben im Mittelalter	Erstes Reiten und Voltigieren	So ist das mit dem Geld
Das Mikroskop	Fußball	Steine und Mineralien
Der Flughafen	Haie und Raubfische	Sterne und Planeten
Der Hafen	Im Dschungel	Vulkane und Erdbeben
Die Erde, unser Planet	Im Garten	Wale und Delfine
Die Polizei	Im Wald	Was macht ein Detektiv?
Die Ritter	In der Schule	Wie ein Baby entsteht
Der Sternenhimmel	Indianer	

Arena